VENTE DES 31 MAI, 1er ET 2 JUIN 1894

HOTEL DROUOT, SALLE No 1

à deux heures

ATELIER

CARPEAUX

COMMISSAIRE-PRISEUR

Me LÉON TUAL

56, rue de la Victoire, 56

EXPERT

M. CH. MANNHEIM

7, rue Saint-Georges, 7

PARIS

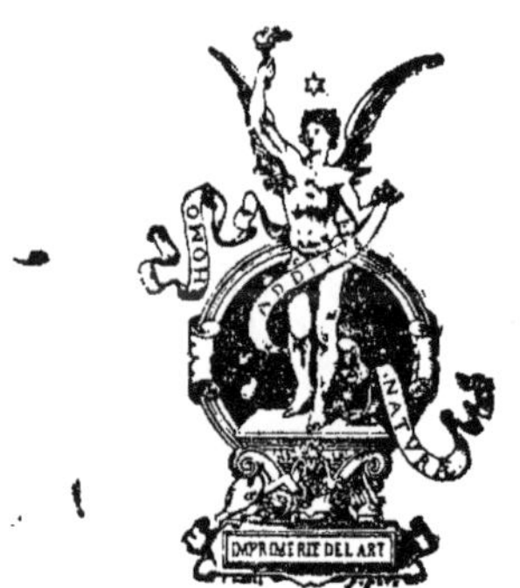
HOMO
NATVRÆ
IMPRIMERIE DE L'ART

CATALOGUE

DES

TABLEAUX, DESSINS, ESQUISSES

ET MARBRES

PAR

CARPEAUX

ET DES

MODÈLES EN BRONZE

AVEC DROIT DE REPRODUCTION

Ainsi que des épreuves en bronze, terre cuite, etc.

COMPOSANT L'ATELIER

CARPEAUX

DONT LA VENTE AURA LIEU

HOTEL DROUOT, SALLE N° 1

Les Jeudi 31 Mai, Vendredi 1er et Samedi 2 Juin 1894

A 2 HEURES

COMMISSAIRE-PRISEUR	EXPERT
Me LÉON TUAL	**M. CH. MANNHEIM**
56, rue de la Victoire, 56	7, rue Saint-Georges, 7

EXPOSITION PUBLIQUE

Le Mercredi 30 Mai 1894, de 1 h. 1/2 à 5 h. 1/2

CONDITIONS DE LA VENTE

Elle sera faite au comptant.

Les Acquéreurs payeront CINQ POUR CENT en sus des adjudications.

L'exposition mettant le public à même de se rendre compte de l'état des objets, il ne sera admis aucune réclamation une fois l'adjudication prononcée.

ORDRE DES VACATIONS

Jeudi 31 Mai . . . Tableaux et dessins.

Vendredi 1er Juin . Tableaux, dessins, esquisses, marbres, bronzes et terres cuites.

Samedi 2 Juin. . . Modèles, terres cuites, bronzes.

Paris. — Imp. de l'Art. E. MOREAU et Cie, 41, rue de la Victoire.

DÉSIGNATION

PREMIÈRE PARTIE

TABLEAUX, DESSINS, ESQUISSES, MARBRES

PAR

CARPEAUX

TABLEAUX*

PAR CARPEAUX

2 — Groupe de la Danse, étude.

3 — Portrait de M. le marquis de Pnes.

4 — Jeune Transtévérine, étude.

5 — Étude de la mère de la précédente.

6 — Mme Bernaërts, portrait.

7 — Portrait du peintre Vollon.

8 — Un thé aux Tuileries : l'Empereur, l'Impératrice, la princesse de Metternich, M. de Bismarck, etc.

10 — Autre scène du même bal : la comtesse de C. en

* Les numéros manquant au présent Catalogue sont ceux des portraits de famille qui ont été réservés.

magicienne, au bras de l'Empereur en manteau vénitien.

15 — Convoi de Victor Noir.

16 — L'Espion, épisode du siège.

17 — Pochade, retour des Empereurs de la grande revue, 1867.

18 — Frère et sœur, deux orphelins du siège.

19 — Groupe d'Ugolin, peint sur bois.

20 — Sculpteur au repos.

21 — Portrait du chevalier N. A.

22 — Mme Mac N.

23 — Messe de minuit à Rome.

24 — Quatre études de Transtévérins, et quatre paysages de la campagne romaine.

25 — Vue de l'Océan.

27 — Les trois Empereurs causant après dîner, 1867.

28 — Falaise bretonne.

29 — Étude de tête.

30 — Bal dans la Salle des Maréchaux : l'Empereur, l'Impératrice, la princesse Mathilde, le Roi des Belges, etc.

31 — Mise au tombeau.

34 — Jeune fille, pastel.

35 — Portrait de M. Charlery de la Masselière.

36 — Étude de tête.

37 — Portrait du peintre Cherrier.

38 — Portrait du peintre Soumy, avec dédicace.

39 — Mort d'Ananie, composition sur bois, 1847.

40 — Mlle Barbe de M.

41 — Paysage du Midi.

42 — Groupes d'arbres, environs de Londres.

44 — Paysage alpestre.

45 — La Pêche miraculeuse.

46 — Auteuil et le Mont-Valérien.

47 — Bords de la Marne.

48 — Banlieue de Marseille.

49 — Lever de soleil.

50 — Coucher de soleil.

51 — Etude d'après le Corrège.

52 — Ovation à la statue de Strasbourg.

53 — Etude de supplicié.

54 — Étude d'après Rembrandt.

55 — Scène de folie, Rome 1855.

56 — Portrait.

57 — Projet de Monument à la mémoire du général Moncey.

58 — Défense de Châteaudun.

59 — Le Tréport à marée basse.

60 — Adoration des bergers.

61 — Neuf compositions, dont cinq pastels.

62 — L'Évangile annoncé aux premiers chrétiens.

63 — Le bain.

64 — La France blessée.

67 — D'après Michel-Ange.

68 — Sainte Élisabeth de Hongrie, visitant ses pauvres.

69 — Paysage romain.

70 — Course de chevaux sauvages, au Corso.

71 — Paysage d'Auvergne.

72 — *Ecce Homo.*

75 — Mgr d'Arboy au milieu de ses geôliers.

76 — Apothéose du Martyr.

77 — La Mare d'Auteuil.

78 — M. Osbach, portrait.

79 — Vue d'Auteuil.

82 — Coucher de soleil, au bois.

84 — Descente de croix, copie.

85 — Départ de mobiles.

86 — Étude de ciel.

87 — Environs de Vichy.

88 — Un Martyr chrétien.

89 — Portrait de Mme la marquise de Cre.

90 — Paysage, crépuscule.

91 — Pêcheur napolitain.

92 — Vierge allemande.

94 — Portrait de la princesse R K.

95 — Deux têtes d'études.

96 — Deux paysages.

97 — Transport de blessés.

98 — Champ de bataille.

99 — Volontaires en guenilles, montant la garde par la neige.

100 — Croquis de mobiles.

101 — Femme mauresque.

103 — Vue de Chislehurst (1893).

104 — Taureau.

105 — Paysage de la Beauce.

106 — Environs de Cannes.

107 — Portrait d'un vieux peintre.

108 — Tête infernale.

109 — Paysage italien.

110 — Pont dans la campagne romaine.

111 — Ensevelissement du Christ.

112 — Etude de femme.

113 — Paysage provençal.

114 — Ruines romaines.

115 — Départ de troupes par le brouillard.

TABLEAUX

PAR DIVERS

116 — Paysage de Michel.

117 — Esquisse de cuirassier, par Géricault.

118 — Dessin de chevaux, par Géricault. Signé.

DESSINS

PAR CARPEAUX

120 — L'Empereur.

121 — L'Empereur dans son cercueil.

122 — Portrait.

124 — M. Foucart.

125 — Got, des Français.

129 — Jeune femme endormie.

130 — Gounod au piano.

131 — Jeune veuve.

132 — Charge, d'après S. A. I. le prince Jérôme Napoléon.

133 — Étude d'après Michel-Ange, avec annotation.

134 — Six caricatures d'hommes politiques.

135 — Paysage au pastel et croquis pour la tête d'Ugolin.

136 — Madeleine aux pieds du Christ.

137 — Laying in State. Exposition du corps de l'Empereur.

138 — Femme et enfant à la plume.

139 — Étude de taureau.

140 — Six études dont un pastel et un portrait du Shah de Perse.

141 — Deux compositions, religieuse et populaire.

142 — Forgeron.

143 — Études d'ouvriers.

144 — Cazani, graveur, portrait à la plume, avec annotation.

145 — Communion, sanguine.

146 — Sur la Tamise à Kew.

147 — Dix croquis de pêcheurs niçois.

148 — Silhouette de femme, exécuté avec le doigt trempé d'encre.

149 — Le Christ ressuscitant Lazare, d'après Rembrandt.

150 — Réquisition de chevaux.

154 — Une halte.

155 — Tuerie de porcs, sanguine.

156 — Six études de femmes.

157 — Sept croquis pour la vie de Jeanne d'Arc.

158 — Huit compositions, dont trois religieuses.

159 — Marine.

160 — Silhouettes de nuages.

161 — Projet de plafond, à la plume.

162 — Portrait d'un médecin de campagne, avec annotation.

163 — Ruines et rochers (lavis).

164 — Cheval (d'après Géricault).

165 — Six dessins, dont cinq études d'aigles, pour le pavillon de Flore.

156 — Descente de croix, à la plume.

167 — Tête de Florentin.

168 — Halte de mobiles.

169 — Soldats autour d'un cheval blessé.

170 — Tête d'enfant, à la plume (Rome 1857).

171 — Représentation de gala (1869).

172 — Tête de faune, à la plume.

173 — Sept compositions, dont quatre paysages et une scène de bal masqué.

174 — Étude de Gueux.

175 — Naïade, à la plume.

176 — Rabelais, cinq études.

177 — Croquis d'homme et de jeune femme.

178 — D'après Michel-Ange.

179 — Étude au crayon rouge pour le monument de Watteau.

180 — Huit compositions (effets de nuages).

181 — Scène populaire.

182 — Un mariage.

183 — Jeune femme rêvant.

184 — Sloop en mer.

185 — Jeune fille endormie.

186 — La Flagellation.

187 — Enfant jouant avec un chien.

188 — Types d'ouvriers.

189 — Six compositions, dont un portrait à la plume de l'Emir Abd-el-Kader.

190 — Jeune mère.

191 — Une rue de Paris pendant le siège.

192 — Étude à la plume pour le pavillon de Flore.

193 — Les mains de l'Empereur.

194 — La France blessée, soutenue par ses fils.

195 — Charge d'artillerie.

196 — Neuf dessins dont un portrait de l'Impératrice rehaussé de blanc.

198 — Trois études de Sainte Famille.

199 — Le groupe d'Ugolin, dessin rehaussé de gouache.

200 — Deux études de jeunes filles en toilette de bal, rehaussées de blanc, avec annotations.

201 — Scène Watteau.

202 — La France, pavillon de Flore.

203 — L'artiste écoutant les voix qui l'inspirent.

204 — Daphnis et Chloé, gouache.

205 — Cavalier à la plume.

206 — Acteur en scène.

207 — Trois croquis, d'après Mme la duchesse Colonna.

208 — Tête d'homme, à la plume.

210 — Cinq dessins, dont une composition à la plume.

211 — Mort d'une jeune femme.

212 — Dix études de nu.

213 — Neuf compositions à la plume, dont deux avec le doigt.

214 — Ensevelissement du Christ.

215 — Marine, sépia.

216 — Neuf compositions religieuses, au crayon rehaussé de blanc.

217 — Six études de vierges, dont une rehaussée de gouache.

218 — Sept études de chevaux de diverses races, dont une sanguine.

219 — Six études, dont un portrait de Gérôme et trois copies, procédé spécial.

220 — Neuf portraits, dont sept charges.

221 — Six études crayon, dont une baigneuse, rehaussée de blanc.

222 — Neuf études, dont huit pour une statue de la Douleur.

223 — Huit scènes militaires, dont plusieurs rehaussées en couleur.

224 — La famille impériale, six dessins : Cercueil de l'Empereur ; deux croquis de l'Empereur, debout et à cheval ; le petit Prince apprenant sa leçon ; l'Impératrice en toilette de bal.

225 — Huit études, dont le portrait de la Maréchale Bazaine et une grande composition à la plume.

226 — Villejuif, 1870.

228 — D'après Rembrandt.

229 — Hommes poursuivis, à la plume.

230 — Hyde Park, dix croquis d'amazones, de chevaux et de chiens.

231 — Tête de Napolitaine.

232 — Rieur Napolitain.

233 — Études de chevaux de luxe et de travail.

234 — Apparition.

235 — Calabrais à cheval par la neige.

236 — Effet de nuit, crayon.

237 — La barque du Dante.

238 — Jeune homme lié à un arbre.

240 — Silhouette de nuage.

241 — Combat de cavaliers.

242 — Jeune couple, rehaussé de blanc.

243 — Course de taureaux sauvages.

244 — Six dessins, dont trois portraits de Gounod.

245 — Cinq têtes, procédés divers, dont trois portraits d'hommes connus.

246 — Paysage à l'encre de Chine.

247 — L'Ile Saint-Germain, avec pêcheurs au premier plan.

248 — Neuf compositions, dont un profil de l'Impératrice; une étude de jeune fille, rehaussée de blanc, et le portrait d'un artiste des Français sur une enveloppe de lettre.

249 — Portrait du général Foy.

250 — Deux compositions à la plume.

251 — Projet de groupe.

252 — Au sermon (crayon).

253 — En attendant le prédicateur (fusain).

254 — Deux compositions, faites avec le doigt dans l'encre.

255 — Dix-sept croquis à la plume, pour la statue de Rabelais.

256 — Ovation à la statue de Strasbourg (rehaussé de pastel).

257 — Étude d'homme.

258 — Fête-Dieu (sépia).

259 — Têtes sataniques.

260 à 263 — Compositions à la plume pour illustrer un ouvrage sur le siège de Paris.

264 — Portraits des Otages.

265 à 267 — Étude à la plume des primitifs.

268 — Convoi de M. D., garde des sceaux.

269 — Gros chagrin.

270 — Sur le pont du bateau-mouche.

271 — Barque fantastique, à la plume.

272 — Étude de jeune femme.

273 — Scène infernale.

274 — Mater Dolorosa, groupe à la plume.

275 — D'après Michel-Ange.

276 — Rêveuse.

277 — Quatre croquis à la plume.

278 — Femme assise, exécuté avec le doigt trempé dans l'encre.

279 — Femme pleurant, même procédé.

280 — Nymphe lutinée par un faune.

281 — Deux têtes d'enfants.

282 — Trois croquis et une main de bébé.

283 — Paris en décembre 1870.

284 — Apparition.

285 — Chevaux d'omnibus.

286 — La Seine et le Mont-Valérien, rehaussé de blanc.

287 — Réconciliation.

288 — Mexicaine, étude.

290 — Jeune mère.

291 — Chevaux montant une côte.

292 — Types faubouriens.

293 — Enfant nu.

294 — Sept dessins, dont les chevaux du prince Orloff et une barque dantesque.

295 — Le Sloop de lord A.

296 — Portrait de Mme de Brit, et têtes de caractère.

297 — Onze croquis d'enfants, deux projets de vases décoratifs.

299 — Quatorze études et une ronde d'enfants.

300 — Moines, croquis à la plume sur une lettre, projet de tombeau pour la marquise de Lavalette.

301 — Jeanne d'Arc victorieuse.

302 — Mobiles défilant devant la statue de Strasbourg.

303 — Course plate, plume et crayon.

304 — Étude de moine, sanguine.

305 — Groupe d'arbres, crayon et gouache.

306 — Intérieur de Saint-Martin, Londres.

308 — Le Figaro.

309 — Montée du Calvaire, gouache.

310 — Profil d'homme, à la plume.

311-312 — Les Coulisses de l'Opéra, douze croquis et deux passe-partout.

313 — Pointe d'Orbec.

314 — Tête de jeune garçon.

315 — Ariadne.

316 — La toilette.

317 — Têtes de chevaux.

318 — Étude de femme.

319 — Cinq dessins, dont trois paysages et une composition de nuages rehaussée de blanc.

320 — Quatre dessins à la plume, dont une étude de femme et une de main.

321 — Peupliers.

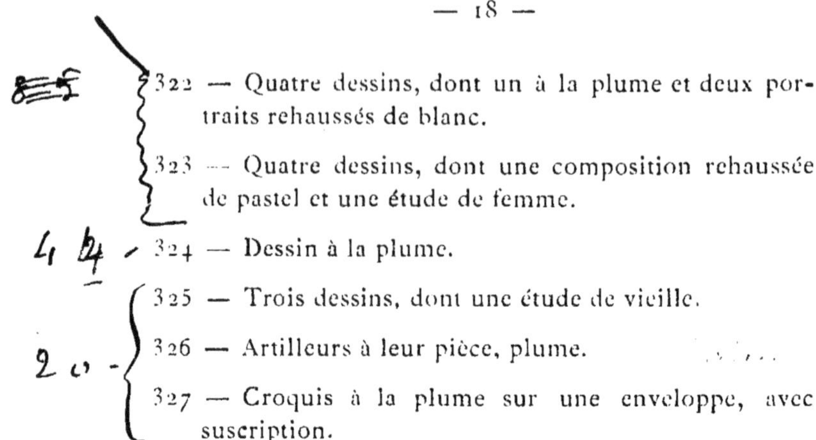

322 — Quatre dessins, dont un à la plume et deux portraits rehaussés de blanc.

323 — Quatre dessins, dont une composition rehaussée de pastel et une étude de femme.

324 — Dessin à la plume.

325 — Trois dessins, dont une étude de vieille.

326 — Artilleurs à leur pièce, plume.

327 — Croquis à la plume sur une enveloppe, avec suscription.

328 — Jeune femme avec enfants, composition au fusain.

329 — Trois paysages.

330 — Projet pour le bas-relief d'Abd-el-Kader faisant sa soumission à l'Empereur, première œuvre officielle de Carpeaux.

331 — Profil de femme.

332 — Étude de femme.

333 — Communion.

ESQUISSES ET CROQUIS EN TERRE

PAR CARPEAUX

334 *bis* — Groupe de la Danse, projet.

335 — Décoration de l'hôtel de ville de Valenciennes.

336 — Flore, bas-relief.

337 — L'Impératrice protégeant les orphelins, groupe.

338 — Monument funèbre pour l'empereur Napoléon III.

344 — Fontaine de l'Observatoire.

345 — Groupe Ugolin.

347 — Groupe de naufragés, fragment.

348 — Saint Bernard, prêchant.

349 — Mater Dolorosa.

350 — Mater Dolorosa.

351 — Ensevelissement du Christ, groupe.

352 — Rêveuse.

353 — Jeune femme pleurant son enfant.

354 — Jeune mère jouant avec son enfant.

355 — Jeune femme morigénant son fils.

357 — Paul soutenant Virginie blessée.

358 — Mlle de M.

359 — Accablement.

360 — Ève après la faute.

361 — Avant le bain.

362 — Mandoliniste.

363 — Vénus captivant l'Amour.

364 — Vierge morte.

365 — Naufragé cramponné à un rocher.

366 — Corps d'une naufragée, échoué.

367 — Négresse captive.

368 — Extase.

369 — Songeuse.

370 — Désespoir.

371 — Femme se coiffant.

372 — Lafayette.

373 — Première robe longue.

374 — Buste, XVIIIe siècle, cire.

375 — L'Empereur Napoléon III.

376 — Watteau.

378 — Deux orphelines.

379 — Enlèvement.

469 — Enfant avec chien.

470 — Étude de femme.

478 — Projet de bas-relief.

480 — Femme debout, appuyée.

481 — Deux hommes luttant.

482 — Songerie.

483 — Fontaine du Luxembourg.

484 — Femmes en prière.

485 — Femmes en prière.

486 — Homme un genou à terre.

487 — Épine au pied.

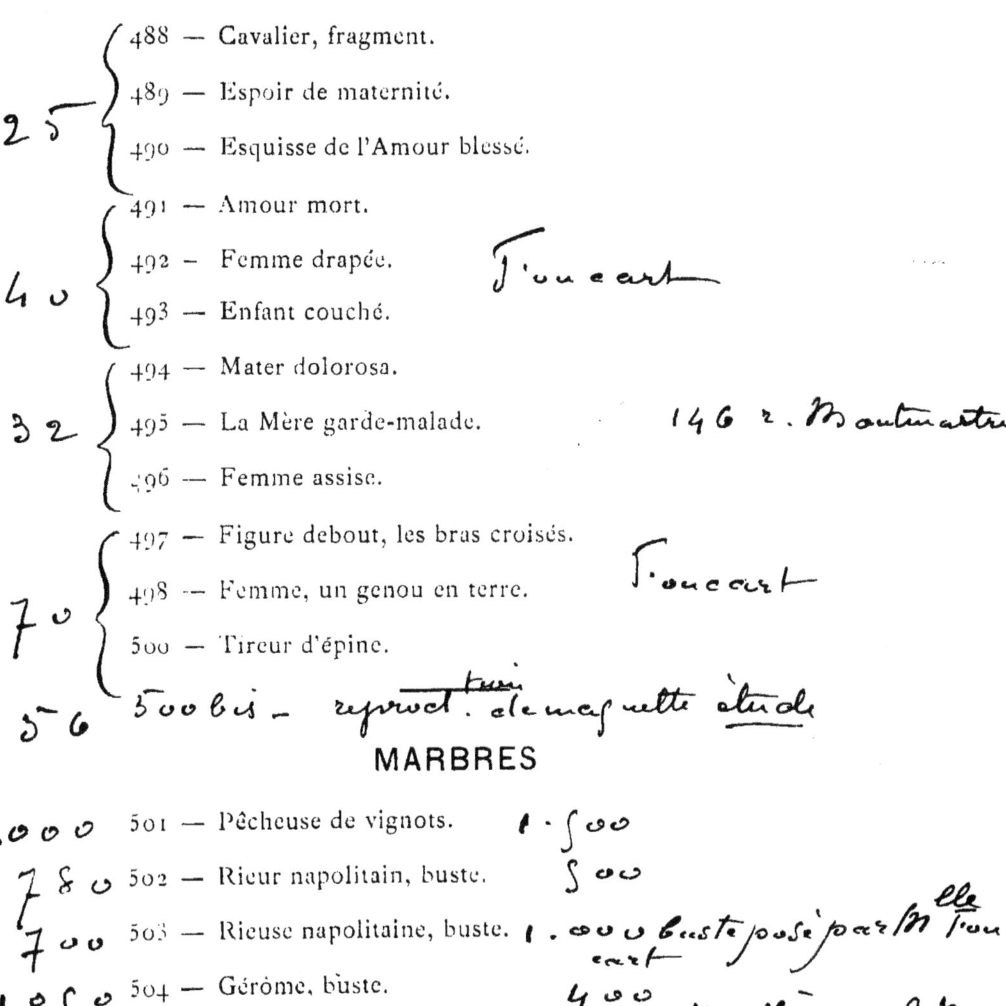

488 — Cavalier, fragment.

489 — Espoir de maternité.

490 — Esquisse de l'Amour blessé.

491 — Amour mort.

492 — Femme drapée.

493 — Enfant couché.

494 — Mater dolorosa.

495 — La Mère garde-malade.

496 — Femme assise.

497 — Figure debout, les bras croisés.

498 — Femme, un genou en terre.

500 — Tireur d'épine.

MARBRES

501 — Pêcheuse de vignots.

502 — Rieur napolitain, buste.

503 — Rieuse napolitaine, buste.

504 — Gérôme, buste.

DEUXIÈME PARTIE

MODÈLES EN BRONZE

VENDUS AVEC DROIT DE REPRODUCTION

pour le bronze et le marbre

N. B. — La Propriété des œuvres en terre cuite est réservée.

BUSTES

505 — Bacchante aux roses. Haut., 64 cent.

506 — Boudeur. Haut., 30 cent.

507 — Candeur. Haut., 69 cent.

508 — Chinois. Haut., 69 cent.

509 — Dumas (nº 1). Haut., 82 cent.

510 — Dumas (nº 2). Haut., 66 cent.

511 — Dumas (nº 3). Haut., 47 cent.

512 — Espiègle. Haut., 53 cent.

513 — Fiancée. Haut., 68 cent.

514 — Génie de la danse. Haut., 66 cent.

515 — Négresse. Haut., 66 cent.

516 — Printemps. Haut., 58 cent.

517 — Rieur napolitain (nº 1).
Haut., 55 cent.

518 — Rieur napolitain (nº 2).
Haut., 28 cent.

519 — Rieuse napolitaine (nº 1).
Haut., 56 cent.

520 — Rieuse napolitaine (nº 2).
Haut., 28 cent.

521 — Rieur aux pampres.
Haut., 56 cent.

522 — Rieuse aux roses.
Haut., 59 cent.

STATUETTES

523 — L'amour blessé.
Haut., 81 cent.

524 — Amour à la folie.
Haut., 73 cent.

525 — Défense de la patrie.
Haut., 54 cent.

526 — Encrier sans buste.
Haut., 15 cent.

527 — Encrier avec buste.
Haut., 11 cent.

528 — Ève accroupie.
Haut., 41 cent.

529 — Ève tentée.
Haut., 75 cent.

530 — Figaro.
Haut., 89 cent.

531 — Frileuse.
Haut., 42 cent.

532 — Frère et sœur.
Haut., 67 cent.

533 — Flore accroupie.
Haut., 55 cent.

534 — Génie de la Danse (nº 1).
Haut., 1 m. 5 cent.

535 — Génie de la Danse (n° 2).
Haut., 58 cent.

536 — Jeune fille à la coquille.
Haut., 1 m. 1 cent.

537 — Pêcheur napolitain.
Haut., 91 cent.

538 — Pêcheuse de vignots.
Haut., 75 cent.

539 — Prince impérial.
Haut., 47 cent.

540 — Suzanne surprise.
Haut., 69 cent.

541 — Toilette.
Haut., 69 cent.

542 — Trois grâces.
Haut., 85 cent.

543 — Ugolin. (Groupe.)
Haut., 50 cent.

544 — Christ.
Haut., 28 cent.

545 — Amour désarmé. (Groupe.)
Haut., 90 cent.

ŒUVRES EN TERRE CUITE ET EN PLATRE

Vendues avec droit de reproduction en bronze et en marbre

546 — Bacchante aux lauriers.
Haut., 64 cent.

547 — Bacchante aux vignes.
Haut., 60 cent.

548 — Patrie.
Haut., 65 cent.

549 — Gérôme.
Haut., 61 cent.

550 — Gounod.

Haut., 68 cent.

551 — Mater dolorosa.

Haut., 70 cent.

552 — Palombelle au collier.

Haut., 44 cent.

553 — Daphnis et Chloé.

Haut., 72 cent.

554 — Presse-papiers : Femme couchée.

555 — Presse-papiers : Femme couchée.

556 — Jeune mère. Groupe.

557 — Enfant au chat. Grandeur nature. Groupe acheté par Carpeaux.

558 — Pavillon de Flore. (Haut-relief.)

1 m. 70 cent. X 1 m. 38 cent.

ÉPREUVES EN TERRE CUITE

I. BUSTES

559 — Bacchante aux lauriers.

Haut., 64 cent.

560 — Bacchante aux roses.

Haut., 64 cent.

561 — Bacchante aux vignes.

Haut., 60 cent.

562 — Boudeur.

Haut., 30 cent.

563 — Candeur.

Haut., 69 cent.

564 — Chinois.

Haut., 69 cent.

565 — Dumas (nº 1). Haut., 82 cent.

566 — Dumas (nº 2). Haut., 66 cent.

567 — Dumas (nº 3). Haut., 47 cent.

568 — Espérance. Haut., 59 cent.

569 — Espiègle. Haut., 53 cent.

570 — Fiancée. Haut., 68 cent.

571 — Génie de la danse. Haut., 66 cent.

572 — Gérôme. Haut., 61 cent.

573 — Gounod. Haut., 68 cent.

574 — Mater dolorosa. Haut., 70 cent.

575 — Négresse. Haut., 66 cent.

576 — Palombelle au collier. Haut., 44 cent.

577 — Polombelle au passé. Haut., 77 cent.

578 — Printemps. Haut., 58 cent.

579 — Rieur napolitain (nº 1). Haut., 55 cent.

Rieur napolitain (nº 2). Haut., 28 cent.

580 — Rieur napolitain (nº 1). Haut., 56 cent.

Rieur napolitain (nº 2). Haut., 28 cent.

581 — Rieur aux pampres. Haut., 56 cent.

582 — Rieuse aux roses. Haut., 59 cent.

II. STATUETTES

583 — Amour blessé. Haut., 81 cent

584 — Amour à la folie. Haut., 73 cent

585 — Daphnis et Chloé. Haut., 72 cent

586 — Défense de la patrie. Haut., 54 cent

587 — Encrier sans buste. Haut., 15 cent.

588 — Encrier avec buste. Haut., 11 cent.

589 — Ève accroupie. Haut., 41 cent.

590 — Ève tentée. Haut., 75 cent.

591 — Figaro. Haut., 89 cent.

592 — Frileuse. Haut., 42 cent.

593 — Frère et sœur. Haut., 67 cent.

594 — Flore accroupie. Haut., 55 cent.

595 — Génie de la danse (n° 1). Haut., 1 m. 5 cent.

Génie de la danse (n° 2). Haut., 58 cent.

596 — Jeune Fille à la coquille. Haut., 1 m. 1 cent.

597 — Pêcheur napolitain. Haut., 91 cent.

598 — Pêcheuse de vignots. Haut., 75 cent.

599 — Prince impérial. Haut., 47 cent.

600 — Suzanne surprise. Haut., 69 cent.

601 — Toilette. Haut., 69 cent.

602 — Trois Grâces.

Haut., 85 cent.

603 — Ugolin. (Groupe.)

Haut., 50 cent.

ESQUISSES

604 — Fontaine du Luxembourg, représentant les quatre parties du monde.

Haut., 50 cent.

605 — Christ.

Haut., 28 cent.; larg., 18 cent.

606-607 — Deux presse-papiers : Femmes couchées. Inédit.

608 — Amour désarmé. (Groupe.)

Haut., 90 cent.

609 — Jeune Mère. (Groupe.) Inédit.

610 — Enfant au chat. (Groupe.) Inédit. Grandeur nature.

BRONZES

611 — Sous ce numéro, il sera vendu environ cinquante statuettes, bustes et groupes en bronze de différentes dimensions. (Ce lot sera divisé.)

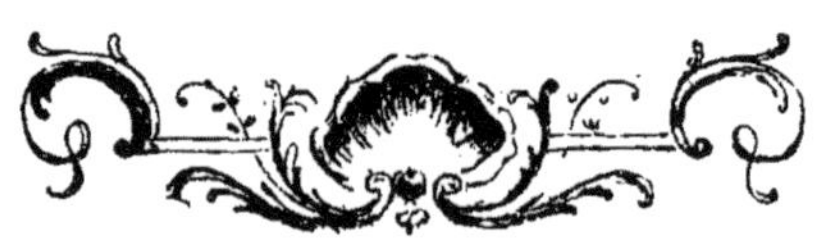

www.ingramcontent.com/pod-product-compliance
Ingram Content Group UK Ltd.
Pitfield, Milton Keynes, MK11 3LW, UK
UKHW020525180726
13839UKWH00005B/2312

9 782329 519913